SERVILLETA dE Bar

pocateja
víctor coyote

POCATEJA trabajos gráficos- es un estudio de diseño formado en 1994 por Víctor Aparicio y Pepo Fuentes. Orientado en un principio hacia el mundo de la música (carátulas de discos, cartelería, merchandising...) no tardó en abrir su campo de acción a otros terrenos como el cine, la animación, el diseño web y el mundo editorial. Sus trabajos han formado parte de exposiciones como *Signos del Siglo* (Madrid 2000), *Pasión-Diseño Español* (Berlín-Salamanca 2002) o *300% Spanish Design* (Lisboa-Atenas-Shanghai-Pekín 2006/2007).

Víctor Coyote- ha publicado los siguientes libros: *Navegante de raia* (Dibujos y cuentos, 1993) y *Cruce de Perras y otros relatos de los ochenta* (Visual books, 2006).

Diseño: Pocateja

Edita: Blur Ediciones, S.L.
Imprime: Impresión Digital DaVinci
ISBN: 978-84-612-0927-9
Depósito Legal: M-52538-2007

humilde
popular
práctico

anónimo

personalizado

impresión

impreso
motivo gráfico:
·copa, cerveza, botella, etc.
·cenefa decorativa
·"gracias por su visita"

impreso

temática

motivo gráfico:
·logo del establecimiento
·dibujo de la especialidad de la casa
gambas, jamones, pulpo, torreznos...
·dibujo del local
muy usado en bares de carretera

motivo tipografico:
nombre del establecimiento, lema, dirección...

cualidades/handicaps gráfico-artísticos:
En este caso las cualidades y los hándicaps se entrelazan y es imposible separar unas de otros:

-dibujos o motivos recalcados o redibujados (excepcionalmente dibujos o motivos de muy buena factura artística)
-expresividad de la impresión en materiales modestos: papel absorbente y tinta .
-ubicación en el local: suelen presentarse 300 unidades embutidas en servilletero para 50 unidades

cualidad principal:
temática+factura gráfica+instalación
Los factores de la suma no funcionan por separado.
Es su combinación lo que hace atractivo el resultado

LIBRO
servilleta de bar

no es:
una recopilación de la gráfica del producto

es:
un trabajo de creación que utiliza samples de la gráfica del producto (en las ilustraciones) y samples de los acontecimientos y diálogos clásicos del entorno (en los textos).

responsables:
pocateja / gráfica
víctor coyote / textos

PERSONA

En la calle hay una temperatura de 3ºC. Entro a currar a las 09:00 y ahora son las 07:45. Estoy sentado en el 5º asiento del bar COSMOS 2001. Pido un café al camarero. Abro el libro que llevo en el bolsillo y localizo la Pag. 142. **Ahí lo he dejado. Saco mi bolígrafo** BIC Naranja y dibujo círculos a mano encima de las Oes que encuentro. Después hago un punto negro -el color del boli- de unos 2 cm. de diámetro en el centro del círculo que he DIBUJADO antes. Completo 2 págs. enteras. El camarero viene con el café mientras compruebo que no **me he dejado ninguna O sin marcar.** Efectivamente, 100% de precisión. Me lo bebo. Yo, por las mañanas, hasta que no me tomo un café no soy persona.

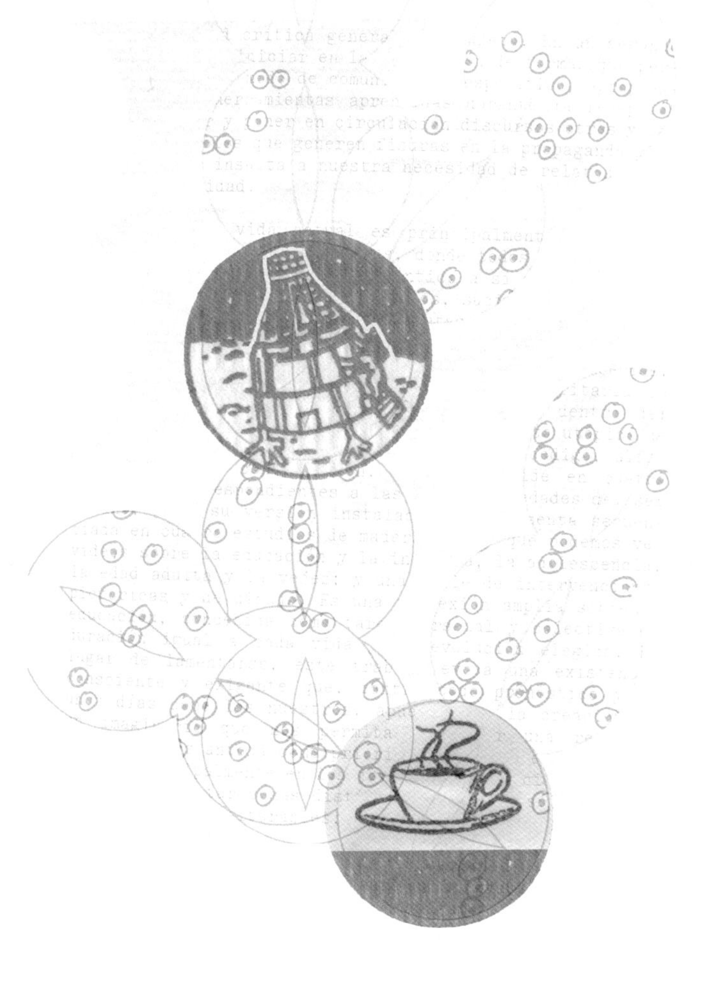

RECORTE LOUNGE#1

Esta exposición es un primer paso. Dentro del
propio género puede ser original.
La gente intenta enseñar costa estos años.
He hecho el bruto en loop de cinco horas, y
también en entrevistas.
Verá que he escogido para conducir una dirección minada.

VENGANZA

Las gaviotas se convirtieron en animales exclusivamente carroñeros. En los vertederos se veían por millares. Allí encontraban todo lo que constituía su nueva dieta: mondas de patatas, restos de hamburguesas, **muelles** de bloc, trozos de cajas de pizza. Ellas consideraban que era mucho más cómodo así. A los hechos me remito: no se veía una gaviota intentando pescar un pez en toda la costa. Pero los peces, sus tradicionales enemigos, no iban a olvidar el pasado así, tan fácilmente. Ellos habían mutado unos añitos antes y ya no tenían memoria de pez. Lo que es el cambio climático. La venganza fue terrible. Cientos de ellos treparon **por los acantilados, devoraron** a las crías, se instalaron en sus nidos y ahora esperaban la vuelta de la madre con el alimento **en el pico.**

EL NOMBRE ES IMPORTANTE

Baldomero,
Conchita,
Venancio
y Soledad
tienen hoy una reunión importante.
Van a montar un bar.
Cada uno tiene muy claro el nombre.
Muy clarito.

BalConsolVen
BAR

ConVenBalsol
Gracias por su Visita

Café Bar
SolVenConBal

VenBalsolCon
CAFETERIA

DOS COCINAS

El **HOTEL** tenía dos cocineros: El del restaurante-asador y el de los flambeados de la terraza.

Un día, el representante de la Seat de Aranda, un habitual, le dijo al cocinero del restaurante-asador:
- Eres clavadito a tu colega el de la terraza.
Ese mismo día, el informático de Montevideo, otro habitual, le dijo al cocinero de la terraza:
- Sós idéntico a tu colega el del asador.
La curiosidad les picó tanto que dejaron su puesto de trabajo y corrieron a los ascensores. En el piso 8, a mitad de trayecto se cruzaron: uno en el ascensor izquierdo y otro en el derecho.
Cuando llegaron, cada uno a la cocina del otro, los encargados de los dos restaurantes dijeron a la vez:
- ¿Dónde estabas? Sabes que estamos a tope, coges y te vas... ¡Venga, al lío!
Y los dos hicieron el trabajo del otro y se sorprendieron de manejar perfectamente los flambeados el del asador y el asador el de los flambeados.

Desde entonces repetían la operación cada cierto tiempo. Y estaban tan compenetrados -telepatía- que siempre se cruzaban en el piso 8.

El **PROBLEMA** llegó cuando el cocinero de los flambeados se murió entre la planta tres y la dos en uno de esos intercambios. El de la Seat lo vio cuando se abrieron las puertas del ascensor izquierdo en la planta baja. Ahora, el cocinero del asador está **ATRAPADO** en el puesto de los flambeados-terraza. El hombre que han contratado para el asador no se parece al él ni por asomo.

PAISAJE ANDINO

Estábamos subiendo el segundo pico, el Cocuantuco, cuando el maquinista frenó. Un hombre tumbado en la vía. Entre el maquinista, Esteban y yo le **reanimamos. Apenas se mantenía en pie** de borracho que iba. Se giró bruscamente, tropezó y **cayó al abismo. Ni lanzó un grito.** Después vimos el barco de las provisiones que se acercaba a Puerto Poquito. El maquinista dijo que había que **darse prisa para llegar a nuestro** destino antes de que anocheciera.

EXCESO DE CELO

Yo mismo me huelo. No huelo a nada. Últimamente estoy siempre en casa. Solo. Salgo lo mínimo. Al chino. Pan, latas **de atún y arroz. Últimamente quiere decir** seis años. Cuando no había chino. Años sin salir de casa. Hoy me cansé. Hace dosmildoscientostreintaydos días que **no salía. Decidí ir al bar al que siempre iba.**

Entré, tímido.

-Buenas tardes, Don Antonio. ¿Le pongo lo de siempre?

Bar

RECORTE LOUNGE#2

Hice fotos en la urbanización de Murcia. Ful para la película, todo estilo Benidorm, pero encontré una cala. Igual falta **gente bien. Se pasaron vendiendo cultura** sin mucho control, sin mirar suficiente. También hay cuatro tipos con campo de golf. Unidos, pueden jugar todo en sus negocios, pero jubilados forman guetos.

En California también tienen clase.

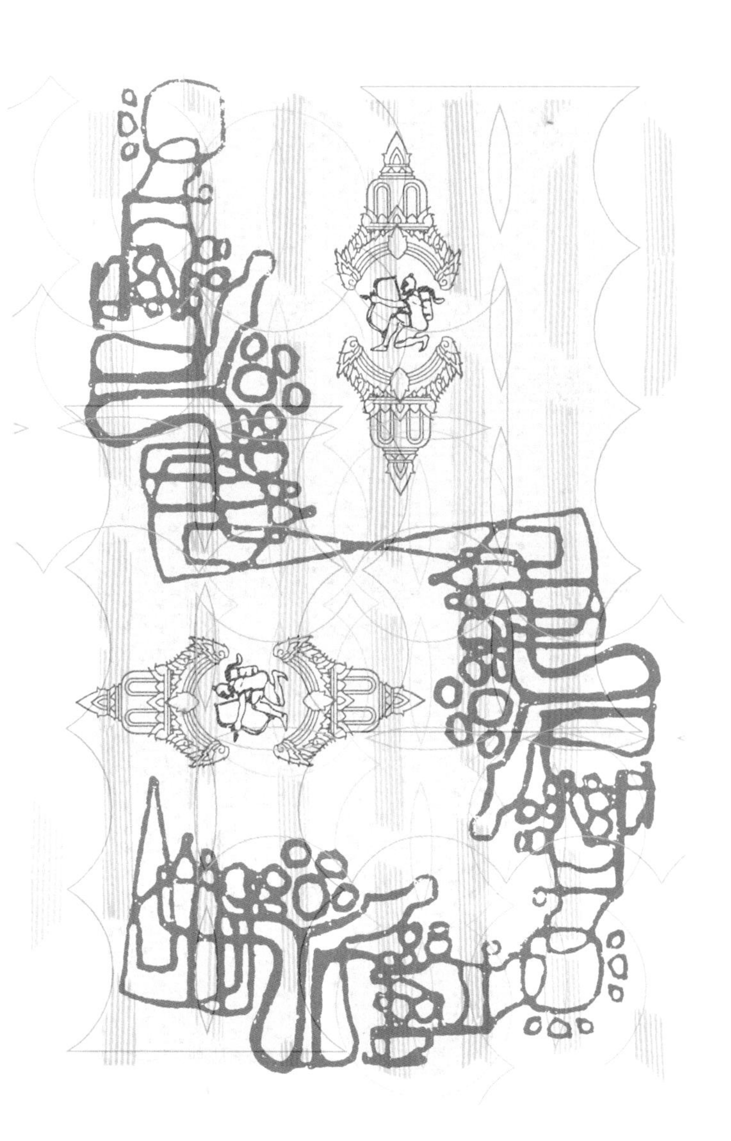

SIRENAS

Las sirenas aparecieron en los apartamentos un miércoles por la tarde. Julia y Tomasa se llamaban. Hablaban muy bajo, era septiembre, y ellas afónicas. **“Sólo estaremos una semana o así. El tiempo para recuperarnos de esta maldita afonía”.** La otra dijo **“Y dorarnos un poco al sol”**. Aconsejaron al dueño de las cabañas que usara tapones para los oídos mientras ellas permanecieran en el hotel, no fuera a ser que se recuperaran y empezaran a cantar de repente. **El hombre, de metro ochenta y tres y** gorra azul, así lo hizo. Pero al cuarto día se dejó olvidados los tapones en la jabonera de la ducha. **Confiemos en que las sirenas no se** recuperen hoy y que el jefe sea de ducha diaria.

MARCAS DE BARES

Empecé con esto en el ochenta y siete. Por hacerme el original con mi novia. "Me voy a tatuar **el nombre del bar donde nos conocimos". Ella sonrió.** Ahora creo que sabía la que se me venía encima. Seis meses después me dejó. Desde entonces me tatúo los **nombres de los bares que recorro para olvidarla.**

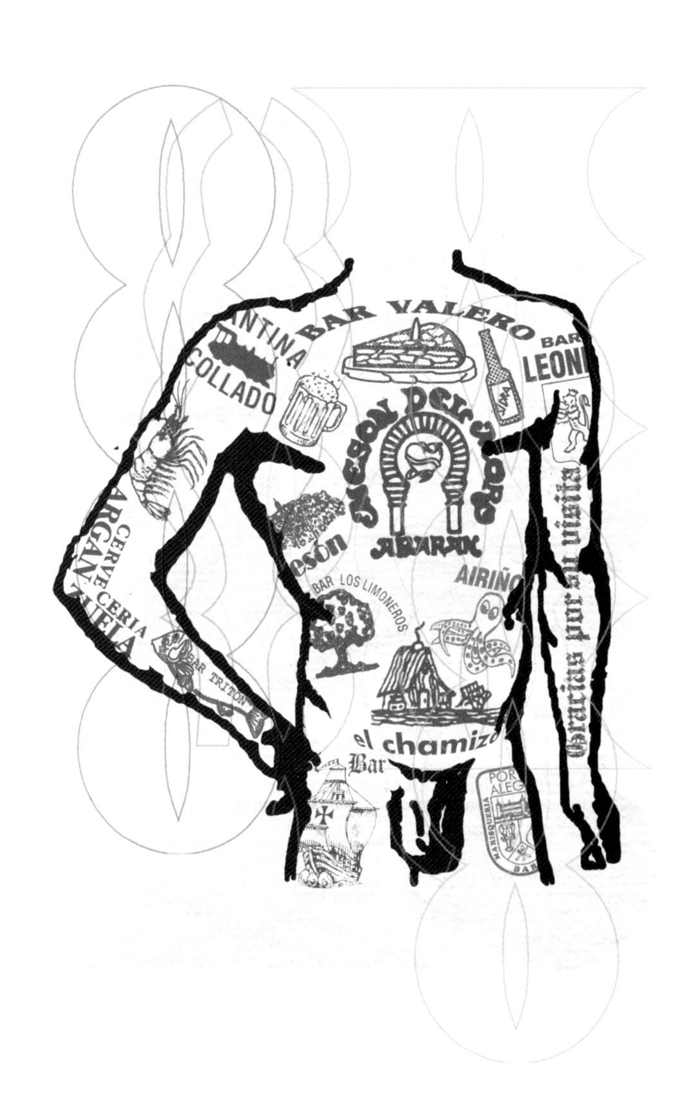
BAR VALERO
ANTINA
COLLADO
BAR
LEONI
BAR LOS LIMONEROS
AIRIÑO
CERVE
CERIA
BAR TRITON
el chamizo
Bar
Gracias por su visita
MARISQUERIA
BAR

HUMOR EN BARRA

- Hay que ver qué bueno es Raúl.
- Sí. Raúl Tamudo. Sí que es bueno, sí.
- Ayer hace 60 años que murió Manolete
- ¿Pero Manolete no murió en agosto?
- Yo digo Manolete, el chatarrero de mi pueblo.

TAXIS

Todos los taxistas del bar de taxistas lo decían.
"El Skoda no para de trabajar. Hace turnos de dieciocho, veinte horas. Sólo va a casa el día que libra. ¿Y dónde se ducha? Se lava en el aeropuerto. Se echa un sueño, se lava y se va a las siete, siete y cuarto a cargar". Le llamaban "el Skoda" porque tenía un Skoda. Igual que **los demás. Todos tenían un Skoda.** "Pues a estas alturas será millonario. Pues será millonario, **pero, de calidad de vida, cero".**

ŠKODA
TAXIS

LO QUE VALE ES LA FIRMA

El hombre que tomaba bitter reconoció a **Picasso en cuanto éste se sentó.** Picasso escribió su firma en una servilleta y se la regaló. "Me voy a hacer de oro. Al fin y al cabo lo que vale en el arte es la firma". Guardó cuidadosamente el Picasso, llamemos **así a la servilleta, en el bolsillo** y salió a la calle. Ya pensaba dónde se iba a **construir la casa ahora que** era rico. Tropezó, se cayó, se dio un golpe en **la frente y perdió el conocimiento.** Al volver en sí, vió al hombre que enjugaba la sangre de su frente con la servilleta que había **encontrado** en el bolsillo de su americana.

Gracias por su Visita

RECORTE LOUNGE#3

Relacionadas en especial con lo paisajístico y los marginales, las celebraciones de la Edad Media incluyeron: focos, religiosos -que en realidad eran como figuras-, y paradisíacas. El género rápido de aquella centuria transformó diversificadas versiones del paisaje mismo, **sobreponiendo inquietud, una práctica** arquitectura y finalidad. Así lo están haciendo en estos mismos días sin que se eche arroz o amapolas en la hermosa ciudad a sesenta kilómetros de Toulouse.

CARRETERA 1 UHF

Ya no se para en Rueda. ¡Aquellos bares a la orilla de la
carretera! Las cosas buenas se pierden.
Aquí no llegaba ni el UHF. Pero éramos más felices.
¡Si hubieramos tenido UHF!

CARRETERA 2 OBRAS PÚBLICAS

Me cago en la autopista, o autovía o como se llame. Ya la podían haber hecho cuando decían que la iban a hacer, y no diez años después. Si hubiera estado terminada a tiempo, mi hijo estaría vivo. Tardaron cuatro horas en llevarlo a Valladolid cuando se le cayó el remolque encima y, claro, con la cantidad de sangre **que perdió por el camino...** ¡Me cago en el demonio de la carretera!

CARRETERA 3 SANGREFILIA

Un día se me cruzó un jabalí. Todo pasó muy rápido. Yo lo vi, él me miró y sentí el golpe. Frené. Recuerdo que se me **enganchó la manga en la manecilla** al salir. No me fijé en la defensa, destrozada. Fui directo al animal. Le había partido el cuello y sangraba mucho. Por la nariz también. Esos bichos son duros. Al verlo sentí una sensación de poder, que creo que es la **que tienen los psicópatas. Yo creo** que la puede tener cualquiera. Era como sexual. Me excitó. Desde entonces, salgo a la carretera cada vez que puedo. O sea, mucho. No soy ningún zumbao, pero me gustaría que me **volviera** a pasar. Yo no tuve ninguna culpa de lo que sucedió. Y no me gusta matar animales, ni nada. **El otro día conocí a una camarera en un** bar, en una comarcal, cerca de A Ermida. Guapa. Estaba hablando con ella y de repente se fue al servicio. Luego me **dijo que era propensa a sangrar** por la nariz. Quedamos en vernos el fin de semana.

CARRETERA 4 NADA SEXUAL

Me voy de esta mierda de pueblo. Esta carretera es mi vía de escape. El próximo año me voy al día del Orgullo Gay. **Aquí no hay nada para mí. Nada sexual,** ¿me pillas? Me voy y no voy a volver. ¡Jamás!

CARRETERA 5 CARTELES

Hay carteles graciosetes en Bares de Carretera: "Si el agua **estropea los caminos, ¡qué será los intestinos!"** Y un cartel en la cabeza del hombre de la copa de anís, al fondo: "¡Joder, joder! ¡Duele!".

BAR COMIDAS
La Cañada
LA CAÑADA

EL NÚMERO DEL PAVO

Hacía un número que gustaba mucho: **Llevaba una bandeja de camarero.** Una zarigüeya se subía a ella de un salto. La zarigüeya guardaba el equilibrio en la bandeja mientras él caminaba por un laberinto de tazas de café hirviendo. Un día vino a mi despacho. Había introducido **mejoras** en su show. Más espectáculo. Algunos animales **se prestan más que otros a** según qué acrobacias. Con las aves de corral la dificultad aumenta. Decía.
Quería que le subiera el sueldo. Lo tenía todo calculado: 200 euros más por pase. Le dije que, si no le convenía, que se fuera a otro circo. **Evidentemente se le había subido el pavo**.

LA VIDA DE TODA LA VIDA

Yo tenía un terreno. Y construyeron el puente.
Cuando tocaba arar, araba.
Ahora tengo el mismo terreno justo a pie de puente.
Cuando toca sembrar, ahora, siembro.
Indiferente.

PELEAS DE CHURRO

-Yo, en aquella época no te conocía, entonces podía hacer lo que se me salía de los cojones. Y no tenía que dar cuentas a nadie. ¿Yo te pido a ti cuentas **de cuando no te conocía? ¡Lo que pasa es que la culpa la tengo yo por contarte nada!**

El churro mojado tembló y, con tanta gestualidad, una parte de él se cayó al café. Y salpicó al cabreado marido. Y un ángel del cielo vino y le cambió el café por otro nuevo, que no sabemos de donde lo sacó. Al volver al cielo, el ángel recibió una reprimenda del Altísimo: "¡Gael, te tengo dicho que no te pares en menudencias!".

RÉCORD GUINESS

Dos camareros, Julián Orozco y Conchita Velilla, organizaron en la **esquina**, junto al bar en que trabajaban, el "Récord mundial de destrozo de fornituras y MATERIAL de hostelería a base de látigo y tenedores". Un récord como otro **cualquiera. Llamaron a los notarios oficiales y todo.** Ella estaba a la altura, pero él, un estirado de mierda, arrojó **las ilusiones de todo un barrio, entusias-**mado con el evento, por la borda. No dio una lanzando tenedores.

CAFÉ - BAR
HNOS. GONZAL

DE FAMILIA DE ACTORES

-Me pone un café con leche cortito para mí y una Coca Cola
y unas patatas inglesas para mi marido.
-Muy bien, señora.
(...)
-Pues mi marido, aquí donde le ve, es hermano
del actor Valeriano Andrés.

EL HAWAIANO

Había ido solo al cine. Mi mujer no quería salir. En contra
de lo que pueda parecer no estábamos enfadados.
Al salir del cine entré en un bar hawaiano que hay enfrente.
No justo enfrente, quiero decir cerca. No porque
mi mujer y yo estuviésemos cabreados.
Pedí un "Pirata Negro". Venía en una vasija con forma de
idolillo cabreado. Y con pajita y sombrilla de papel. Antes
de que me sirvieran el cóctel, ya había hecho recuento de
la clientela: Dos grupos de yankis -chicos y
chicas- que se divertían mucho y cinco parejas de novios
jóvenes, rancios y que se divertían poco.
Le dí otro trago a mi "Pirata Negro"
y me sentí triste. Patético ante mi idolillo. Cogí el
móvil y marqué el número de casa. Sólo dije: "¡Socorro!"
A pesar de que mi mujer y yo estábamos
cabreados, ella vino a sacarme de aquel infierno.

BAILE DE DATOS

¡En este país ya no se inventa una palabra! Desde **el gasógeno de La Cierva, el único** invento genuinamente español es el videojuego "Comandos", que lo inventaron los hijos de esos **que van por los casinos de Las** Vegas haciendo saltar la banca, los Berlanga.

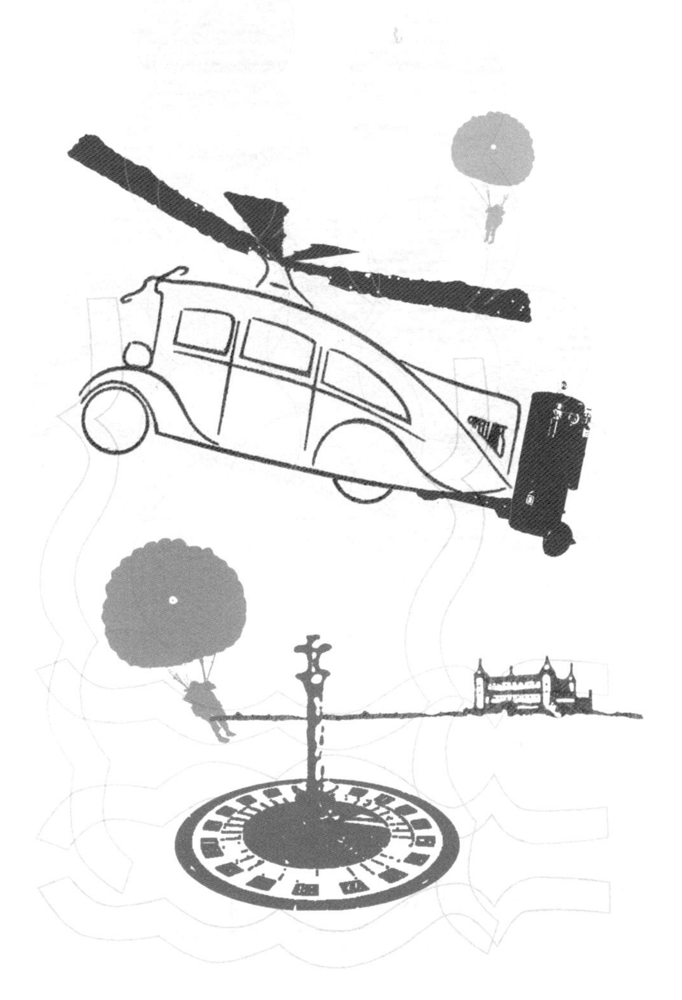

TAPA

¿Ah, que NO LE he puesto tapa?
¡Se va usted a enterar, hombre,
de lo que es una tapa!

PERSON

On the street it's 3 ° C. I start working at 09:00 and it is currently 07:45. I am sitting in the 5th seat of bar COSMOS 2001. I ask the waiter for a coffee. I open the book that I carry in my pocket and locate the page 142. That's how far I got. I get my Orange BIC pen and draw circles around the O's I find. After that I make a black point- about 2cm in diameter in the centre of the circle that I have drawn before. I encircle two entire pages. The waiter comes with the coffee while I notice that I have not left any O unchecked. Indeed, 100% accuracy. I drink my coffee. I, in the morning, am not a person until I have had my first coffee.

LOUNGE CUT 1

This exhibit is a first step. Within that framework it could even be original. People are trying to show coast these days. I made a five hour loop, and in interviews I've picked a mined road.

VENGEANCE

The seagulls became scavengers. In the landfills were thousands. They found everything that met their new diet: potato peels, hamburger leftovers, docks bloc, pieces of pizza boxes. They felt that it was more comfortable that way. In fact: I saw not one seagull trying to catch a fish in the entire coast. But the fish, their traditional victims, would not forget the past so easily. They had mutated a few years before and no longer had the memory of a fish. Climate change. Revenge was terrible. Hundreds of them climbed the cliffs, devouring chickens, moving into their nests and awaiting the return of mothers with food in their beaks.

THE NAME IS IMPORTANT

Baldomero, Conchita, Venancio and Soledad today have an important meeting. They will begin a bar. Every one of them has a very clear idea of what the name should be. A very, very clear idea of what the name should be.

TWO KITCHENS

The hotel had two cooks. The grill restaurant chef-and the flambé chef of the terrace. One day, the representative of Seat Aranda, a regular, told the grill restaurant cook:
- You are the spitting image of your colleague from the terrace.
That same day the IT man from Montevideo, another regular, told the cook from the terrace:
- You are identical to your colleague, the other cook, inside. Curiosity got the better of them and both dropped what they were doing and stormed to the elevators. On the eight floor, in mid-journey they almost met: one travelled in elevator on the left the other in the one the right.
When they arrived, each in the kitchen of the other, those responsible for the two restaurants said at the same time:
- Where were you? You know that we are overflowing, and you just leave like that. Come on! Get on with it!
From then on they regularly swapped jobs, surprised with the ease with which they handled the flambés and grilling. Sometimes in pure telepathic synchrony they would walk out of the kitchen and find the other there on the eight floor, ready to swap. All went fine for a while, both found variety where there used to be none.
The problem arrived the day the cook of the flambés died in the elevator between the second and third floor, he was on his way up to meet his colleague.
The Seat man saw him when they opened the left lift doors on the ground floor. Now, the grill cook is caught on the terrace. The new man hired for the grill does not resemble him a bit.